काले अक्षर भारतीय

काले अक्षर भारतीय

ओम प्रभाकर

वाणी प्रकाशन

वाणी प्रकाशन

'लोगो' वाणी प्रकाशन : मक़बूल फ़िदा हुसेन

वाणी प्रकाशन, 4695, 21-ए, दरियागंज, नयी दिल्ली-110002

वाणी प्रकाशन, अशोक राजपथ (पटना कॉलेज के सामने), पटना (बिहार)

KALE AKSHAR BHARTIYA

by Om Prabhakar

Collection of Poems

ISBN : 978-93-5000-455-5

प्रथम संस्करण

मूल्य : 100/-

वाणी प्रकाशन

फोन : 0091#11#23273167, 23275710

फैक्स : 0091#11#23275710

वेबसाइट : www.vaniprakashan.in

ई-मेल : vaniprakashan@gmail.com

आर.टेक ऑफसेट प्रिंटर्स द्वारा दिल्ली-110095 में मुद्रित

॥ निदा फ़ाज़ली साहब
यह किताब आपके लिए ॥

–ओम प्रभाकर

अनुक्रम

काले अक्षर भारतीय

कविता

स्त्री

पेड़ चिड़िया बच्चे

काले अक्षर भारतीय

मेरी ज़ात से यही होना है यानी
अगर खिलाफ़ खड़ा होना ही
होना है तो...!

...जैसे सिर्फ़ दो डैने
और समूचा आकाश।
जैसे अकेला एक फूल और
यहाँ से वहाँ तक बियाबान।
जैसे चिड़िया की चोंच का
मात्र एक तिनका और पूरी बरसात।
जैसे केवल दो पाँव
और समूची पृथिवी।
जैसे बच्चे के हाथ की अकेली पेंसिल
और सम्पूर्ण भाषा।...

तय है कि
दरवाज़े अगर हैं तो
खुलने के लिए हैं
और खुलेंगे।
तब उँगली इस्तेमाल होती है या ठोकर
यह वक्त का तकाज़ा है
और वक्त
वह नर्म हो या सख़्त-ज़मीन है
और ज़मीन कुदाल के अधीन है।

कहा जा सकता है कि
कुदाल ज़मीन के विरुद्ध है।
लेकिन क्या यह सच नहीं कि
कुदाल के बिना ज़मीन
अपनी कोख में ही अवरुद्ध है?
और अवरुद्ध ज़मीन
इतिहास की हो या
आज की
चटक कर फट जाएगी
और तब सभी स्मारक
और सारी चलती हुई ट्रेनें
किसी अतल गह्वर में समा जाएँगी।

■

पिछले कुछ दिनों से
वह पाता है कि
उसके पास केवल शरीर है।

दिन ब दिन
पेट में निहित होता जाता
उसका शरीर
उसके लिए एक चुनौती है।
ये चुनौती उसे किसने दी है?
उसे किससे लड़ना है?

बरसात के विरुद्ध
खुला मैदान है उसका शरीर
जिसको लेकर वह
किसी भवन में घुस जाना चाहता है।

वह चकित है कि
कड़कड़ाती सर्दियों में
बर्फ़ की सिल्ली हुआ उसका शरीर
गर्मियों में भट्ठी-सा धधकता है
और वह बड़े आराम से पूरे दिन
कूड़ा-कचरा बीनता रहता है।

कभी-कभी वह अपने समूचे शरीर को
अपनी जेब में घुसेड़कर रख लेता है

एक रुपए की शक्ल में।

बीड़ी बनाकर
अपने शरीर को पीता हुआ वह
उसे रिक्शे-सा खींचता रहता है
और एक ट्रक से बचकर
दूसरे से बचाने की जुगत सोचता हुआ
अन्ततः ट्रैफिक मैन से टकरा जाता है।

बस्ती और मौसम से
लगातार जूझते हुए
अपने शरीर को वह
अक्सर अपने ख़िलाफ़ भी खड़ा पाता है।
और तब
बौखला कर चारों ओर देखता है कि
कहाँ है इन्क़िलाब-जिन्दाबाद?
कहाँ हैं जनगणमन-अधिनायक?
वह अपने शरीर को
इन्क़िलाब-ज़िन्दाबाद में तब्दील कर
जनगणमन-अधिनायक के
सारे छिद्रों में ठूँस देना चाहता है।
और स्वयं
खत्म हो जाना चाहता है।

■

मेरी आँखों में शायद कोई ख़राबी है।
नज़र में फर्क आ गया है।

...नहीं, पैतृक नहीं है यह रोग।
मेरे पिता तो बहुत समय तक
ठीक-ठीक देखते रहे।
हाँ, आखिरी कुछ सालों में ज़रूर
वे लाठी लिए रहते थे
और दिन डूबते ही
ब्यालू करके जा लेटते थे
अपनी कोठरी में।

ये रोग तो मेरा ही है
इधर के ही कुछ वर्षों का।

हाँ, पहले तो मुझे भी
साफ़-साफ़ नज़र आता था कि
बाज़ार में चीज़ें और लोग
साथ-साथ आ-जा रहे हैं।
और यह बिल्कुल सुबह है।
और वहाँ स्पष्ट दिखाई दे रहा है कि
आदमी आदमी की तरह व्यस्त है।
अरे, होता तो यहाँ तक था कि
कई-कई दिन पहले ही मुझे
आने वाले त्योहार की

गन्ध तक दिखने लगती थी।

लेकिन अब जाने क्या हो गया है
मेरी आँखों को कि
दफ़्तर जाते हुए जो साफ़ नज़र आती हैं
लौटते में नहीं दिखतीं
वे ज़रूरी चीज़ें दूकानों पर।
और तब यही लगता है कि
मेरी आँखों में ख़राबी आ गई है कि
साथ चलते दो आदमी
मुझे आमने-सामने डटे लगते हैं।
और लाइन में पीछे खड़े
वे परिचित लोग
बजाय आगे बढ़ने के
और पीछे हटे हुए दिखाई देते हैं और
शायद इसी वजह से
कभी तो मुझे वह
माननीय महोदय लगता है तो
कभी भेड़िया।

मैं अखबार में पढ़ना चाहता हूँ समाचार
और पढ़ता हूँ बलात्कार

मैं तय ही नहीं कर पाता कि
वह जो क़त्ल किया जा रहा है
बकरा है या आदमी या समय?
कौनसी जगह है यह
बूचड़खाना या संसद भवन?

मैं अपनी ख़राब आँखें
किसे दिखाऊँ?
डॉक्टर को या दारोगा को?

■

खींच कर हमारी खाल
शामियाने लगवाएं
अस्थियों के बनवाएँ मंच
और भाषण दें
माई-बाप!
हम पंक्तिबद्ध बैठे हैं।

हमारे मुँह वाह हैं और हाथ
अभी तालियाँ तो अभी थालियाँ।

हुजूर हुक्म जारी हो
पुरुष हो या नारी हो
बहन, बेटी या महतारी हो

छिलके-बीजे निकाल कर
प्लेट में पेश की जाएगी सरकार!
पर ज़रा नेपकिन का रखें ख़याल
मालिक, यही आपका लोकतंत्र है।
इस पर दाग़ न आने दें।
जले तो जल जाए
निचली-बिचली बस्ती
पर अपनी तरफ श्रीमान्!
आग क्या
आग का आभास भी न आने दें।
आग में जलती ही नहीं चीज़ें
उजागर होकर चमकती भी हैं।

आदरणीय आग से बचें।
अपने समाजसेवक चेहरे की
सुरक्षा का पूरा ध्यान रखें।

जहाँ तक हो सके
शब्दों से ही चखें दंगे,
हड़ताल, डकैती, बलात्कार,
सूखा, बाढ़, महामारी या
खाद्य सामग्री की सरकारी सप्लाई

महोदय, आप वहीं रहें जहाँ हैं।
सिर्फ़ कहें कि यात्रियों की सुरक्षा का
पूरा प्रबंध कर दिया गया है।
पीने के पानी की समुचित व्यवस्था है।
कानून और व्यवस्था की
स्थिति में सुधार है।
अब खेतों को
सूखा नहीं रहने दिया जाएगा।
और दहेज के दैत्य को
ख़त्म कर दिया जाएगा।

बस, आप तो सिर्फ कहें और
रेलें टकराती रहें।
डकैतियाँ पड़ती रहें।
आप कहते रहें महोदय,
और ताल-कुएँ सूखते रहें
चौपाए मरते रहें और
गाँव खाली होते रहें।
अपहरण, आगजनी, चोरियाँ,
बलवे, लूट और लाठीचार्ज
आपके प्रसारण के
समानान्तर चलते रहें।

स्टोव फटते रहें।

खेत बंजर होकर जलते रहें।
आपकी बातें माननीय,
सदन के भीतर और बाहर मुकदमे
बरस दर बरस चलते रहें।

जिन्हें आदत है पुश्तैनी
वे सह सकते हैं जितना सहें
देश के मौजूदा हालात के मुताबिक
जब तक मुनासिब समझें ज़िन्दा रहें
नहीं तो बेशक मर जाएँ
बजट-सत्र के दौरान
कराधान का औचित्य तो
आप सिद्ध कर ही देंगे श्रीमान्!

आपका क्या है
जो है जनता का है
वह देखे कि क्या बिगड़ता है
और कितना बनता है?

और मान्यवर,
जनता भेड़ है और
चारा आपके क़ब्ज़े में है और
अब आपकी मर्ज़ी है कि
अपनी भेड़ को
अंगूर की पत्तियाँ खिलाएँ
या नीम की।
या सबसे निरापद
रास्ता अपनाएँ कि
भेड़ को कर दें
रसोइए के हवाले और
आप
आगामी पंचवर्षीय आयोजन में
व्यस्त हो जाएँ।

■

इस साफ और निर्गन्ध जगह की
सफ़ाई और निर्गन्धता से छूट कर
अब उतरना ही होगा
किलबिलाते कृमि-कीटों के गड्ढे में।

कर्दम में सराबोर
मैं पियूँगा दुर्गन्ध
सहूँगा कीटों के दंश
मैं वहाँ कुछ समय रहूँगा।
भीतर तक पूरी तरह
समझने की कोशिश करूँगा।
हासिल करना चाहूँगा
कीचड़ में जीवित रहने के लिए
जरूरी ऊर्जा

बदबू से भभकते-खदबदाते
उस अँधेरे में
अब पैठना ही होगा।

मैं पकड़ने की कोशिश करूँगा
कर्दमान्धकार को चीरने वाली
कृमियों की नेत्र-ज्योति।
घ्राण-ज्योति : विरुद्ध को सूँघने वाली।
स्पर्श-ज्योति : सगेपन को पहचानने वाली।

अब इस उजाले से बाहर होकर

उस गह्वरता में जाना ही होगा।
काली सड़ाँध भरे
जीवित क्षेत्रफल में
पहुँचना ही होगा।

मैं गन्दगी के पोषक तत्त्वों को
देखना चाहूँगा।
कीड़ों के कीड़ों की तरह
जीवित बने रहने के
मर्म को जानना चाहूँगा।
मैं समझना चाहूँगा
गन्दगी में जीवन के
होने और रहने का सूत्र।

इस बेशिकन ओरपास से
निकलकर
कर्दम और कृमि-कीटों के बीच
अपने जाने
और रहने की अनिवार्यता
अब धारण करनी ही होगी।

कर्दम में सराबोर
मैं पियूँगा दुर्गन्ध
सहूँगा कीटों के दंश
मैं वहाँ कुछ समय रहूँगा।
और कर्दम में किलबिलाते
कृमि-कीट में रूपान्तरित हो
आऊँगा बाहर।

कीचड़ से बने
दंशों से सूजे हुए
बदबू देते
अपने जन्तु अस्तित्व को लिए

कर्दम से बाहर आया मैं
इस उजले, निर्गन्ध
साफ़ और बेशिकन
और निर्व्याज फैलाव में
कहाँ जाऊँगा?

महाजनों के पथ पर!
मेरे रूप में
चलती हुई जुगुप्सा घूमेगी भवनों की ओर।
हवा बदबू होगी
पानी कीचड़
धरती कृमि-कीट
मेरे रूप में
चलती हुई वीभत्सता
घूमेगी भवनों की ओर।

कौन बच सकेगा
दंशों से, जहरीली दुर्गन्ध से?
किस पथ जाएँगे तब महाजन?
मेरे रूप में
चलती हुई भयावहता
जब घूमेगी भवनों की ओर?

मैं जाऊँगा
किलबिलाते कृमि-कीटों के
कर्दम-संसार में।
मैं पियूँगा दुर्गन्ध।
सहूँगा कीटों के दंश
मैं वहाँ कुछ समय रहूँगा।
और पूरी तरह
कृमि-कीट में रूपान्तरित हो
आऊँगा बाहर। ■

अब मुझे ये कपड़े बदलने पड़ेंगे
छोड़ देना होगा
जूते पहनना हमेशा के लिए
भूमि-तत्त्व को तलुओं से होकर
ब्रह्मरंध्र तक पहुँचना चाहिए।
मुझे उन सभी
छोटे बड़े कामों के बारे में
फिर से सोचना होगा
जो अभी तक
रवायतन होते आये हैं
मसलन, आइए, श्रीमान् जी, कहना
और सविनय निवेदन है—लिखना
और नहा-धोकर भोजन करना
और फिर चा...
और फिर कुछ पढ़ते या
लिखते सो जाना।

सो जाना यानी
सुबह से शाम तक
जो हुआ है
उससे अलग हो जाना।

मुझे अब
सोना भी छोड़ना होगा
सोना मुझे ठोस और गतिशील

दिन से अलग करता है
लिहाजा अब
ठोस और गतिशील से
अलग करने वाली
हर बड़ी से बड़ी चीज को
त्यागना होगा
जैसे हाथ को काम से
अलग करने वाली कविता।

अब मुझे
या तो कविता बदलनी होगी
या अपनी जिन्दगी
कुछ इस तरह कि
जिन्दगी हो खेत
और कविता बीज
या जिन्दगी–जिन्दगी रहे
और कविता
उसकी सबसे जरूरी चीज
काम की तरह।

लेकिन ऐसा होने में
अभी वक्त लगेगा
और तब तक बतौर तैयारी
काफी कुछ बदलाव करना होगा
बाहर और भीतर।

बाहर मुझे
कुछ लोगों का क़त्ल और
कुछ स्थितियों को उलट
और कुछ
चीजों को नापैद करना होगा
ये लोग, स्थितियाँ और चीज़ें

वे होंगी जो
ज़िन्दगी और कविता में रहकर भी
ज़िन्दगी और कविता के ख़िलाफ़ हैं।

अपना भीतरी तंत्र
मुझे कुछ इस तरह का करना होगा
कि कविता
खेत जोतने
बोझा ढोने, सड़क कूटने
जूता गाँठने या साँस लेने से
अलग या बेहतर काम न लगे।
मुझे मानना होगा कि
मैला ढोती औरत की गुनगुनाहट
आज तक के समय की
सबसे श्रेष्ठ और पवित्र कविता है।

अब मुझे इन्हीं आँखों से
कुछ दूसरे तरीके से देखना होगा
अपने चारों ओर
खूब ध्यान से
अंजुलियों में भरकर
फिर पीना होगा
अपने पीछे से आती हुई
धार का पानी
उसकी रेत को भी परखना होगा
और हरियाली को भी
अपनी इन्हीं आँखो को
पूरी तरह खोलकर
भाँपनी होगी
अपने ओरपास की सतह
और उसके नीचे की सुगबुगाहट

और आगे जाती हुई
धार की प्रवृत्ति।

जैसा होता आया है
जैसा है
वैसा होने देने से
बने रहने देने से तय है कि
अब काम नहीं चलेगा
और न कविता
न हल, न फाइल
न गाड़ी, न फैक्ट्री
और न संसद।

काम चलाने के लिए
अब शब्द की जगह
काम को देनी होगी यानी
जुबान की जगह
अब हाथ होंगे
वहाँ जहाँ
बैल बेज़मीन भटक रहा है।

अब हाथों को किसी भी तरह
अदृश्य तहख़ानों तक और
सफेद गिरहबानों तक
पहुँचना ही होगा।

बेघर, बेकपड़ा और
रोटीहीन शरीर के हाथ
मौजूदा मौसम, बस्ती और
कविता के भीतर से गुज़रते हुए
मौजूदा मौसम, बस्ती और
कविता को खलबलाते हुए

वहाँ तक पहुँचाने होंगे
जहाँ तक उन्हें बहुत पहले
बेसाख़्ता पहुँच जाना चाहिए था।

इतना तो अब
लामुहाला करना पड़ेगा कि
इन असंख्य छोटी-बड़ी चीज़ों
और लोगों के बीच
उघरे कन्धों से
झूलते हुए हाथ
किसी भी तरह उठें और
मौजूदा मौसम, बस्ती,
कविता और
सबसे ऊपरी मंज़िल और
अदृश्य तहख़ानों और
सफेद गिरहबानों को चीरते हुए
सहज ही पहुँचें पेटों तक
अपने-अपने मुँह के मार्फ़त।

और ऐसा करने में
अभी वक्त लगेगा
और तब तक बतौर तैयारी
काफ़ी कुछ बदलाव करना होगा
बाहर और भीतर।

■

तुम अपने घर से बाहर निकलते हो
और
हत्यारे तुम्हारे पीछे होते हैं।
तुम उन्हें जानते हो भली भाँति
लेकिन बतौर हत्यारे तुम उनकी
शिनाख़्त नहीं कर सकते।

ये तुम्हारी नहीं
उनकी सुविधा का सवाल है
कि वे
कब तुम्हें हलाक़ करें।

तुम्हें क़त्ल होना है
उनकी इच्छानुसार
उनकी व्यवस्था में
उनकी सहूलयत के मुताबिक
कि वे तमंचे का इस्तेमाल करें
या चाकू का
या अस्पताल में भरती तुम
इन्जैक्शन लो और ख़त्म हो जाओ।

पुलिस की पूरी सुरक्षा में
माननीय न्यायाधीश के समक्ष
तुम
एक आदमक़द छुरा देखो अपने सामने

और प्रतीक्षा करो
इजलास के बाहर पहुँच कर
लाश हो जाने की।

हत्यारों का
नाम-पता, शक्लो-सूरत...
तुम जानते हो कि
वे ख़ाकी छाया वाले सफ़ेद हैं
स्वस्थ, सुरक्षित और सम्पन्न।
वे तुम्हारे पड़ोस से लेकर
राजधानी तक हैं।
बसों में-ट्रेनों में
पानी और हवा के जहाजों में।

देश के हर मोड़ पर खड़े
हर काउण्टर
और कुर्सी पर बैठे
वे देख रहे हैं कि
तुम आ रहे हो
सपरिवार क़त्ल होने
और तुम जा रहे हो
बरसों-सदियों से
बूचड़खाने आबाद हैं।
भव्य-दिव्य भवनों के
दर्शन होते हैं तुम्हें
पहली और आख़िरी बार
जब तुम बुलाए जाते हो
देश के नाम पर
जाति, भाषा, धर्म और
तंत्र के नाम पर
मर मिटने के लिए
पुकारे जाते हो तुम

कभी रोटी
कभी कपड़ा
कभी मकान के नाम पर
तुम्हारा बलिदान होता है
वहाँ जहाँ और कुछ नहीं
बस, वे होते हैं
और नंगे तुम
प्यासे रहते हुए
अन्ततः
भूखे मार दिए जाते हो।

एक तृप्त उँगली उठती है
और
अखबार के पहले पन्ने पर
सचित्र-सखण्डन
कुछ आँकड़े होते हैं
लाल निर्जीव।

■

यों आख़िर तू कब तक ज़िन्दा रहेगा
लकवे का मरीज़
कितने साल तक ज़िन्दा रहता है
लकवा कब लगा था?

मुझे तेरे मरने का इन्तज़ार नहीं
मैं तो बस इतना चाहता हूँ कि
तू यों नकारा
गौं-गौं करता
लार बहाता न पड़ा रहे
बस, बिस्तर छोड़ दे तू
फिर चाहे
श्मशान जाए या संसद।

रे मुस्तक़िल मरीज़
पलंग छोड़ और
चिकित्सकों-परिचारकों को
भाषण-भत्ते से मुक्त कर और
खुले में आ जा।

मैं ओढ़ाता हूँ तुझे
अपनी कविता
मस्त हो जा मेरे पट्ठे देश!
फिलहाल अपना नंगापन तो ढाँक
पेट के भीतर उतर कर

कौन जन-प्रतिनिधि
जाता है देखने कि वहाँ
कुपोषण है या सुपोषण या अपोषण।

एक तू बेकार
और दूसरी मेरी कविता फ़िज़ूल
इसे उठा चाहे झण्डे-सा
लगा ले लँगोटी-सा
अभिनय कर
इसे खाने का अण्डे-सा
कविता को चूसने का बोटी-सा
या गमछे-सा
डाल इसे कन्धे पर
और निकल पड़
समयानुकूल धन्धे पर।

बाढ़ के सर्वेक्षण में
माननीय विदेशी अतिथि के
स्वागत-भोज में
हरिजन की झोंपड़ी में
तू बैठ जा कर उकड़ूँ या
गुम्बद पर चढ़ कर
बोल कुकुड़-कूँ।
मेरी कविता और तू
दोनों हू-ब-हू।

वो पड़ी है
छिपकली की पूँछ सी तड़पती
कटी हुई
मेरी जीभ।

भारतीय गणतंत्र के
चालू दशक में
सत्य की उद्घोषिका
वो पड़ी है
प्यासी-भूखी।

अब पी अपना रक्त
और खा
दिल्ली से आती हुई
ख़ारिज हवा।
और गा
जय हे जय हे जय हे
भारत भाग्य विधाता!

प्रधानमंत्री से पटवारी तक
सभी के अनुकूल है अब
मेरा ये जीभ रहित मूँ।
इसमें मोहनभोग डालो
या गू

यह नहीं करेगा

थू थू थू।
पूर्णतः अनुशासित
इस जीभ रहित मुँह से
अब़ जब चाहे
बुलवालो जै या
करवालो कै।

जब से कटी है
मेरी जीभ
मेरा शरीर भी बदलने लगा है।
अब कुछ भी हो जाए
मेरे हाथ
उठते नहीं फैलते हैं।
पाँव
बजाय आगे बढ़ने के घुटनों से
मुड़ने लगते हैं अक्सर।
कानों में गूँजता है लगातार
बस एक ही शब्द
यस्सर...यस्सर।
आँखें
देखती हैं अगर कुछ
तो बस
अवसर...अवसर।

एक जीभ भर
कट जाने से अब
कभी तो मेरी गर्दन
बहुत लम्बी होकर
सिर को
धूल में धँसा देती है
और कभी सिकुड़ कर मेरा सिर
कन्धों में घुस जाता है
और नितान्त
निरापद-निर्बाध

विचरण करता रहता है
एक कबन्ध
पूरे लोकतंत्र में।

हर पाँच वर्ष बाद
इस जीभ रहित मुँह और
फैले हुए हाथों वाले
मेरे शरीर को
नहला-धुला कर
तिलक-अक्षत लगाकर
वध-स्थल को
ले जाया जाता है।
जहाँ अपने ही हाथों
काटता हूँ
मैं अपना सिर
और फिर
पाँच साल तक बराबर
खिँचती रहती है
मेरी खाल।
बिकता रहता है
मेरा मांस।
बनती रहती हैं योजनाएँ
होता रहता है
राष्ट्र का विकास।
और
छिपकली की पूँछ-सी पड़ी
तड़पती रहती है
मेरी कटी हुई जीभ।
भारतीय गणतंत्र के
चालू दशक में
सत्य की उद्घोषिका।

■

महामहिम सुनें
उनके मुखापेक्षी सुनें!
जाता हूँ उनका
यह देश छोड़कर वहाँ
जहाँ होऊँगा मैं और
मेरे हिस्से की प्रकृति।

वहाँ होगा
मेरा शरीर मेरा घर
त्वचा के वस्त्र पहने मैं
संघर्ष करूँगा कि
फूलों की सारी गन्ध
सभी रंग मुझमें हों
कि नदी चले मेरे साथ
और हवा बहे
मेरे अनुसार।
मैं जूझूँगा
धरती के अंधेरे से
और खींचकर लाऊँगा
शालियाँ बाहर।
पक्षी चुगेंगे दाने और
बालियां ले जाएँगे
अपने घौंसलों में।

मैं बादलों से कहूँगा

वे जाएँगे
आपके भवनों की ओर
फट पड़ने को।
महामहिम करेंगे यज्ञ।
मुखापेक्षी पढ़ेंगे मंत्र।
धरती होगी कठिन और
वक्त कड़ा
आपके देश में
महामहिम, जिसे
छोड़कर जाता हूँ मैं वहाँ
जहाँ प्रकृति होगी
मेरे अनुकूल और
स्मृति आपकी
कठिन धरती और
कड़े वक्त की
प्रतिकूल।

■

नरक में कौन दुखी है?
सभी सुखी हैं नरक में।
नरक में सभी स्वतंत्र हैं
आर्तनाद करते हुए
अनहद नाद सुनने को।

नरक में अनवकाश है।
अपानवायु है नरक में
नरक में प्रश्राव है।
जठराग्नि है नरक में।
पृथ्वीहीन नरक में
सभी देश हैं।

सभी सांगोपांग हैं
गलितांग नरक में
व्यवस्था का प्रश्न
कभी उठता ही नहीं।
शासी के आदेश वासी
और
वासी के निवेदन शासी
कभी सुनते ही नहीं नरक में
जो होता है
न उसका कोई विधान है
न निदान।

इसीलिए नरक जीवित है
कि वह कभी जन्मा ही नहीं।
न कुछ प्राप्तव्य है
नरक में न देय।
खाद्य है क्षुधा और
तृष्णा है पेय। नरक में
हेय कुछ भी नहीं।
श्रेय भी नहीं।
प्रेय है केवल
आर्तनाद करते हुए
अनहद नाद सुनना
नरक में।

■

कई दिन न खाने और
कई दिन सो न पाने के बाद
आज लिखता हूँ काले अक्षर
कम से कम बीस सौ सैंतालीस तक
काले रहने वाले
काले अक्षर भारतीय बीहड़

अपने क्षेत्रफल के
इस छोर से उस छोर तक
बेडौल जीवित भिनभिनाते
और भुनभुनाते हुए
कुठरिया से कोठी तक फैले
कान्तारों में मुब्तिला
बेसार-सूद चलते हुए
विकृत शरीर काले अक्षर
मेरी कविता को चीथते हुए
देते है घिच्चे गर्दन में
लगातार उमेठते चले जाते हैं
मेरी बाँहें, दे हूदे पेट में
मुँह में थूकते
कौंचते हैं उँगलियाँ काले अक्षर
मेरी आँखों में हाँफते हुए।

कम से कम बीस सौ सैंतालीस तक
काले रहने वाले

काले अक्षर भारतीय
सर्वभुक् चबाते हैं सुनहरी ज़िल्दें
बाँधे हुए मुट्ठियाँ दाँती भींचे
जाकर भिड़ जाते हैं
भवनों के स्तम्भों से
छोड़ते हुए राजपथों पर
अपने खुरपा पाँवों के गड्ढे।

दुर्धर्ष कंकाल
अपने समस्त शारीरिक छिद्रों से
उगलते लहू
बिछ रहे सड़कों पर आस्फाल्ट बन कर
खेतों में
हल की फार बनकर घुसे हैं
जलते है भट्ठियों में
काले अक्षर भारतीय रूखे-सूखे।

बसों-ट्रेनों में ठुँसे हुए
पैदल आ रहे हैं
मेरे भीतर की तरफ
जा रहे हैं
मेरे भीतर की तरफ से
करके मुझे कुचरा-कुचरा
सराफे, बजाजे और
गल्लामण्डियों को बिगाड़ते
मीनारों की ओर
दीवारों को ढहाते

काले अक्षर वीभत्स
छाए हैं आसमानों में
मांसखोर गिद्ध, चील
विस्फोटक उड़ाते हैं राष्ट्रीय मार्ग

लहूलुहान काले अक्षर भयावह
पीते हुए चमक और चाँदनी
चबाते हुए वैभव और व्यवस्था
निर्द्वन्द्व विचरते हैं
असिलोमा, महिषासुर, रक्तबीज
देवलोक में
काले अक्षर हृदयहीन
रौंदते हैं
रमणियों-ऋचाओं को
घसीटते हुए मुझे अपने पीछे
काले अक्षर भारतीय नंगे
उखाड़कर मिल की चिमनी
घुसेड़ देते हैं
राजभवन के मर्मदेश में और
हर तरफ
बगूले-सा छा जाता है
उनका अट्टहास

कम से कम बीस सौ सैंतालीस तक
काले रहने वाले
काले अक्षर भारतीय भुखमरे
अट्टहास के साथ
खून के कुल्ले करते हुए
आ रहे हैं
मेरे भीतर की तरफ
जा रहे हैं
मेरे भीतर की तरफ से
करके मुझे कुचरा-कुचरा
मीनारों की ओर
दीवारों को ढहाते हुए।

■

लगता है खोपड़ी में भूसा है।
फिर चारों तरफ देखता हूँ।
और पाता हूँ कि
खोपड़ी ही भूसे में है।

यह एक दृश्य है :
शरीर पूरा संसार में है।
और खोपड़ी भूसे में।
भूसे में खोपड़ी सोचती है भूसा।
भूसे में आँखें देखती हैं भूसा।
नाक सूँघती है भूसा।
कान सुनते हैं भूसा और
भूसे में मुँह कहता है भूसा।
खोपड़ी, आँख, नाक, कान और मुँह का
एक संसार है जो भूसा है।
और शरीर
खोपड़ी, आँख, नाक, कान और
मुँह से रहित पूरा शरीर संसार में है।
यह एक बड़ा सा
घूमता हुआ दृश्य है।

■

कविता

साल में चार कविताएँ भी
बहुत होती हैं बशर्ते
बारिश वक्त पर हो।

मार्च-अप्रैल में
तिनके ढोती चिड़िया की
पहाड़-मेहनत अकारथ न जाए।

घोंसले हों सफल और
बैल की नाँद भरी रहे
टपकती रहे छत
लेकिन गिरे नहीं और
राखी के लिए
मायके जाती बिटिया अस्पताल, या थाने या
बीहड़ों में घिरे नहीं तो
साल में चार कविताएँ भी
बहुत होती हैं।

कविताएँ जहाँ होती हैं
उस जमीन पर
होती हैं वारदातें और
जलवायु में ऋतुएँ
वारदातों में लिथड़ी हुई ऋतुएँ
साल में
चार कविताएँ भी दे दें
आँकड़ों से मुक्त
तो बहुत है। ■

धरती से अच्छा कागज़ नहीं बना
और काम से बड़ी
कविता नहीं लिखी गई आज तक

वह पहला नंगा आदमी
पत्थरों, पशुओं, पेड़ों, और
पक्षियों से रचना करता हुआ
जन्म से ही
काव्य-कर्म-रत रहा।

दिनों के पहाड़
रातों के जंगल और
सुबह-शाम-दोपहर के
नदी-नाले फलाँगता वह
लगातार व्यस्त रहा काव्य-कर्म में।
उसका काव्य-कर्म
कब कर्म-काव्य हो गया
उसे पता ही नहीं चला।

उस मात्र आदमी ने
सूर्य किरणों की उँगलियों से
धरती की ज़िल्द खोली और
फसलों की कविता लिखी
खनिजों की कविता लिखी
उसने पानी पार किए

पहाड़ लाँघे—जंगल चीरे और
यह सब करते हुए भी वह
कविता ही लिखता रहा
एक लगातार कविता
आदमी की जिन्दगी की तरह
एक जिन्दगी कविता
आदमी की जिन्दगी यानी
उसके कामों की तरह
एक काम कविता।

धरती पर आदमी के काम
आकाश में आदमी के काम
जलों में आदमी के काम

धरती पर और उसके नीचे भी
आदमी की कविता
आकाश में और उसके ऊपर भी
आदमी की कविता
जलों में और उनके भीतर भी
आदमी की कविता।

आदमी की कविता से
परे नहीं रहा कुछ भी
धरती आकाश और
जल से परे
आदमी के काम के बाहर
बचा हुआ उसकी कविता से
कुछ भी नहीं रहा अकविता।

धरती की क्रोधित सिंहनी से जूझते
आकाश के पागल हाथी को खदेड़ते
पानियों के उत्तेजित वृषभों से खेलते

पंजों पर हवाओं के
दुर्धर्ष मेढ़ों को झेलते
उस मात्र आदमी से
नहीं रहा कुछ भी अछूता।

दिन भर
कठोर कविता करता
रात को निश्चेष्ट नहीं
शान्त हुआ आदमी।
रस में
रात में लीन आदमी
फिर उभरा शालियाँ बनकर
कपास के फूल बनकर और
लुढ़काने लगा
समय के पत्थर को।
धरती को उछालने लगा
आकाश में और
पानियों को गोड़ने लगा
खेतों की तरह और
फिर होने लगी कविता।
होती रही कविता।

■

लगातार खोजती फिरती है गुंजाइश
कवि की भाषा कि
जरा टिक भर जाएँ कहीं अगले हिस्से।

दहाड़-पुचकार या चीत्कार
पुकार-ललकार या सीत्कार
या फिर मौन भी
कवि की भाषा के ही
यथावसर चेहरे हैं।

मौन के दर्पण में
साफ दिखाई देती है
भाषा सांगोपांग।
हल-कुदाल चलाती हुई भाषा
रेल की पटरियाँ बिछाती
पुल बनाती हुई भाषा
खदानें खोदती
समुद्र-गर्भ से तेल निकालती
और अंतरिक्ष को
अन्तर्गत करती हुई भाषा
अत्यन्त विराट और गतिशील
रचनाओं का विन्यास करती
कवि की भाषा ही तो है।

नालियों-सड़कों को साफ करती

कवि की भाषा
मकानों की पुताई करती है
अनाज पीसती है
कपड़े बुनती है
जूते बनाती है और
दफ़्तरों में बैठ कर
राजकाज चलाती है
बिना एक भी शब्द बोले
अनगिनत कर्मेन्द्रियों वाली
कवि की भाषा
उच्चार की मुहँताज होती है
आसन्न देहान्त पर
जब वह पुकारती है
अपनी धड़कती हुई
गतिशील रचनाओं को
अपनी सन्तानों को
और सौंपती है उन्हें थाती
शब्दहीन कर्मेन्द्रिय भाषा
सौंपती है उन्हें स्वयं को और
उतर जाती है स्वयं
मौन के अतल गह्वर में।

■

आसन्दियों से उठकर आए
कुछ
बेचेहरा लोग
ऊँ शान्ति
ऊँ शान्ति का
शोर करते हुए
कविता में
प्रवेश करते देखे गए।

पाँव रहित
हाथ हीन
कुछ लोग
केवल
पेट और सिरधारी
स्वस्थ
धवल जब कविता में
प्रवेश करते देखे गए
तब
कैसे बची कविता?
आएँ कबीर!
बताएँ कबीर!!

■

सब कुछ ठीक-ठाक चल रहा होता है कि
भीतर से एक बगूला सा उठता है।
श्वासऩली को अवरुद्ध करता
एक गोला सा उठता है।
क्या यही कविता है?

मेरा पेट अक्सर
गुड़गुड़ करता रहता है।
कविता क्या मेरे पेट में है?

चार भले आदमियों से
बातें करता होता हूँ कि
सिर के पिछले हिस्से में
दर्द की एक लकीर सी
तड़प उठती है।
क्या कविता मेरा सिरदर्द है?

साइकिल चलाते हुए
पिंडलियों की ऐंठन
कपड़े धोते हुए कमर की कसक
पत्नी के साथ उखड़ती हुई साँसें।

मुझे लगता है कि
कविता मेरे पूरे शरीर में
कमजोरी बनकर व्याप्त है।

तब सवाल उठता है कि
अगर करूँ तो किसका इलाज करूँ?
शरीर का या कविता का?
और
इस शरीर के रहते
क्या यह सम्भव है?

■

कहाँ से आती है कविता मुझमें
जानता हूँ मैं भली भाँति लेकिन
खँगालती हुई पूरी तरह
चीरती हुई मुझे
मुझमें से होकर
वह कहाँ चली जाती है?

शायद भूमि-गर्भ में
समुद्र-तल में
या डिम्ब को लपेटे डैनों की
विस्फोटक ऊष्मा में।

मुझे लगता है
मुझसे निकलकर
मेरी कविता
पेड़ों की जड़ों में जा लेटती है।

कामगारों के रग-पुट्ठों में पैबस्त
मेरी कविता
खेतों-खदानों-कारखानों और
मंडियों में
आदमी की ऊर्जा को खाती
साँसों को पीती और
पसीने में नहाती
दिन-दिन और तन्दुरुस्त होती है

सकुशल रहती है।

मेरा अनुमान है कि
कुदाल और मुट्ठी के बीच
मुझसे निस्सृत
मेरी कविता ही कसमसा रही है
धरती के नए-नए पृष्ठ खुलते जाने के
आनन्दातिरेक में।
रो-रो कर थकी हुई
भूखी बच्ची निरुपाय
जिसे पकड़ने को दौड़ती है
वह तितली
मेरा ब्रह्मरन्ध्र फोड़कर निकली
मेरी कविता ही है
दिशा-दिशा
प्रान्तर-प्रान्तर जाती हुई।

■

इधर बहुत दिनों से
कुछ लिखा नहीं।

कुछ दिनों तो
लाचार पेट की बीमारी रही
और फिर अगले कुछ दिनों
बीमार देश की लाचारी रही
मतलब ये कि
कहीं न कहीं व्यस्त रहा
या फिर
कविता के न होने या
दुनिया के लगातार बहुत ज्यादा होने से त्रस्त रहा
जब कभी कोशिश की
कविता की
तो दुनिया और
दुनिया की
तो कविता
कविता और दुनिया मुझे अक्सर
रूबरू खड़ी मिली और
मेरा हाथ जिसकी भी पीठ पर हुआ
अहा! क्या मज़ा है कि वही
कविता हो या दुनिया
नाली में औंधे मुँह पड़ी मिली
और मैं सशोपंज में आकण्ठ
कि अब कविता को लूँ और

दुनिया को छोड़ूँ
या दुनिया को उठाऊँ
और कविता से मुंह मोड़ूँ!
लेकिन, नाली में गिरी चीज़
वह कविता हो या दुनिया या मेंढकी
ऊपर कहाँ आती है?
हाँ, उसे उठाने वाले पर
कुछ छींटे ज़रूर डालती है
और ऐसे ही लोगों को
कविता और दुनिया जिन्दगी भर सालती है।

■

स्त्री

बच्चों को तैयार करते हुए
अनाज से कंकड़ बीनते हुए
काम से लौटते
आदमी की प्रतीक्षा करते हुए
वे क्या कर रही हैं?
जबकि देश आगे बढ़ रहा है।

स्कूल, अस्पताल और
दफ़्तर जाते हुए
ज़च्चाखाने से
वापस आते हुए
खेतों में कटाई करते हुए
सड़कों पर गिट्टी और
बाँधों पर मिट्टी डालते हुए
वे क्या कर रही हैं?
जबकि देश आगे बढ़ रहा है।

और वे
घर की सफाई कर रही हैं
बर्तन माँज रही हैं
वर्षों से फटे कपड़े सिलती हुई
तीज-त्योहार मनाने में लगी हैं

जबकि देश आगे बढ़ रहा है।

और वे
बच्चों को पढ़ा रही हैं
मरीजों को दवा दे रही हैं
बलात्कार और
जलाए जाने के विरुद्ध
कानून के बावजूद
बलात्कार सहते हुए
जलाए जाते हुए
वे घर भर के
बिस्तर ठीक कर रही हैं
और रोटियाँ सेंक रही हैं
सबके लिए और
देश आगे बढ़ रहा है।

लेकिन
वहाँ कोने में
अकेली बैठी हुई
वे क्या कर रही हैं?
क्या उन्हें मालूम है कि
देश आगे बढ़ रहा है?

■

रात के दो बजे हैं
और वो सो रही है।
मैं जाग रहा हूं।
वो सो रही है और
घर भर के बिस्तर तहाकर
कमरों में झाड़ू लगा रही है।
नल आ गया है...।

मैं जागता हुआ
उसे सोते हुए
करवट बदलते देखता हूँ।
अब वह झटपट
चौका-बासन और
पानी से निपटकर, नहाकर
ठाकुर जी की पूजा कर रही है।
मैं जाग रहा हूँ और
कुछ नहीं कर रहा।
वह सो रही है और
सबके लिए चाय-नाश्ता
तैयार कर रही है।
चावल बीन रही है।
आटा मल रही है और
ब्लाउज की उधड़ी सिलाई
पल्लू से ढाँक जल्दी-जल्दी
रोटियाँ सेंक रही है।

गोया उसी को ठीक टाइम
स्कूल या दफ़्तर पहुँचना है।

मैं जाग रहा हूँ सिर्फ
वो सो रही है और
ढेर सारे काम कर रही है।
मशीन और फटे कपड़े
रखने के पहले वह
खाना खाकर लेटी है कि
पड़ोसिन के पुत्र की
तबियत का हाल जानने
छत पर चली गयी है।

वह सो रही है लेकिन
खर्राटे भरने की फुर्सत के बिना
मैं जाग रहा हूँ और
कुछ न करते हुए
देख रहा हूँ कि
वह सो रही है और
पिसाने के लिए
गेहूँ का कनस्तर
तैयार कर रही है।
घर-खर्च का
हिसाब लिख रही है।
बिटिया की उम्र के साल और
पुत्र की पढ़ाई के
दर्जे गिन रही है।

मैं जागते हुए
कुछ न करते हुए
परेशान देख रहा हूँ कि

वह सो रही है और
दुनिया भर का
लबाज़मा उठाये
ख़ुदा जाने कहाँ-कहाँ
भटक रही है।

■

कुछ औरतों ने अपने सन्दूक
और कुछ ने पोटलियाँ
बाहर लाकर
सड़कों पर रख दी हैं।

निस्तेज और अवाक् हैं पुरुष
बच्चे उत्तेजित और सक्रिय।
घरों में
एक बौखलाया हुआ सन्नाटा
व्याप्त है।

औरतों की कार्रवाई की ख़बर
भूमिहीन किसानों और
मजदूरों तक पहुँच गयी है
और अब वे सब
आज के काम पर जाने के बारे में
पुनर्विचार कर रहे हैं।
टैक्सी वालों ने
अपने मीटर ऊपर कर दिए हैं।

छोकरे बजाय धोने के
प्लेटें चाटने लगे हैं।

रिक्शे वाले उतरकर सीटों से
खड़े हो गए हैं हैण्डिल पकड़कर

सड़क के बीचोंबीच।

इक्कों-ताँगों के घोड़े
करने लगे है नालदार मार्कटाइम।

अब दोपहर है
सूर्य अत्यन्त प्रखर।

दफ़्तरों में जो रोज़ होता था
इस समय नहीं हो रहा आज।
यद्यपि औरतों ने अभी
अपने घर नहीं छोड़े हैं
केवल सन्दूक और पोटलियाँ
बाहर लाकर रखी हैं लेकिन
बहस का मुद्दआ
बदलने लगा है और
हवा में
एक घुमावदार
भारीपन आ गया है।

■

दिन और रात के छोरों को
पदांगुष्ठों से दबाए
खड़ी है
स्त्री
दिन और रात से परे
बाँहें फैलाए
दिन और रात के
आर-पार।

■

उतान लेटी है
स्त्री
दिन और रात के बाहर
दिन और रात
उसके
विराट स्तनों से चिपके
छपछपा रहे हैं
अपने
नन्हे-नन्हे पैरों से
बहता हुआ पानी।

■

रात को
पल्लू के छोर में बाँधे
व्यस्त है
स्त्री
गृहकार्य में।
यह दिन है।

दिन को
अपनी
छाती से चिपकाए
ऊँघ गयी है
स्त्री।
यह रात है।

■

चलती चली जा रही है
स्त्री।
उसकी उँगली पकड़कर
चलने को
दौड़ रहे हैं
दो बच्चे।
दिन और रात
लगातार
चाह रहे हैं कि
स्त्री
उन्हें उठा ले गोद में
बिठा ले
कन्धों पर।

■

स्त्री समझती है
अन्न
सन्तान और
पुरुष के आन्दरूनी रिश्ते को।

स्त्री के स्तनों में भरा दूध
उसे पीड़ा देता है।

सन्तान को
पान कराती है स्त्री
उसकी अस्तित्व-भाषा और
स्वयं वेदना-मुक्त होती है।

वह अन्न की रांगोली रचती है
थाली में
चौके में महकता है
मधुर संलाप
स्त्री, आग और अन्न का।

स्त्री के पठार पर चढ़ कर
सन्तान
एक बहुत बड़े खुले मैदान में
छलाँग लगा देती है।

पुरुष की कुशलता

सन्तान की प्रसन्नता
स्त्री समझती है कि
किस सन्दूक में
कौन-सा कपड़ा रखा है?

■

पेड़ चिड़िया बच्चे

वृक्ष के बाहर तक
फैली है वृक्ष की आत्मीयता।

वृक्ष की अहेतुकी सदाशयता का
क्षेत्रफल अमाप है।

चरवाहा लड़की
फूल
राहगीर
चिड़िया
श्रद्धालु स्त्रियाँ और
चिरहारू नहीं जानते कि
वृक्ष के राशनकार्ड में
सभी का नाम चढ़ा है।

नाबालिग
जिम्मेदार और
पुरखा
वृक्ष हर दौर में है
पूरी तरह क्रियाशील
चिता तक साथ जाकर
जलता हुआ वृक्ष
गर्भ से ही अपनी आत्मीयता
बिखेरने लगता है।

चित्र और कविता का विषय
वृक्ष
चित्र और कविता के बाहर भी
वृक्ष है
अपनी सम्पूर्ण हरित ऊष्मा के साथ।

अपने हरे-भरे हाथों से
अपनी अन्दरूनी आग देखने के लिए
आमंत्रित करता हुआ वृक्ष
अपनी अहेतुकी सदाशयता का
अमाप क्षेत्रफल खोले
अकेला खड़ा है।

■

पेड़ से उड़कर
टेलीफोन के तार पर बैठी चिड़िया
विकास के कितने युग पार कर आई है
नहीं जानती।

चिड़िया
यह भी नहीं जानती कि
आते हुए तूफान की गति
कितने मील प्रति घण्टा है
और उसके पंखों पर
कितने टन हवा का दबाव है।
पेड़ों के लगातार सम्पर्क में रहती
चिड़िया
उनकी आग से भी अनजान है
उनकी बारिश से भी और
बिना आगाह किए
उनके हठात् ग़ायब हो जाने से भी।

अपने संसार की
तमाम दुर्घटनाओं से अनभिज्ञ
चिड़िया
अपने संसार की तमाम दुर्घटनाओं में
गाती रहती है।
हालाँकि

पेड़ से उड़कर
टेलीफोन के तार पर वह बैठी
विकास के कितने युग पार कर आई है
नहीं जानती।

■

हम पेड़ भी नहीं हैं।
हम पहाड़ भी नहीं हैं।
हम खेत भी नहीं हैं।
हम समुद्र भी नहीं हैं।

पेड़ फल देता है
हम खाते हैं।
पहाड़ पानी देता है
हम पीते हैं।
खेत अन्न देता है
हम खाते हैं।
समुद्र पानी देता है
हम पीते हैं।
वे देते हैं
और बने रहते हैं।
हम लेते हैं
और मर जाते हैं।

हम पेड़ होते।
हम पहाड़ होते।
हम खेत होते।
हम समुद्र होते।

■

पेड़ अब कहानियाँ
किसे सुनाए
और
किसके सुने गीत?
पक्षी नहीं हैं अब पेड़ पर।

कौन चखे
पेड़ के अधरों का स्वाद
उसके कानों में
सरगोशियाँ कौन करे?

जब पक्षी नहीं हैं पेड़ पर
तो कौन ले जाए उसकी
व्यथाएँ और उल्लास
हवाओं तक
और उनसे भी ऊपर।

पेड़ सहता है कुल्हाड़ियाँ
भारी वाहनों की
भयानक आवाज़ें।

उसकी पीड़ा को
अब कौन कहे

दूसरे पेड़ों और
दूर के टपरों से?

उदास है चेतली कि
नहीं है पेड़ अब
उसके और कुण्डू के बीच।

पेड़ उसका प्रेम था।

■

बच्ची के स्वप्न से निकलकर
चिड़िया
पेड़ की फुनगी पर बैठती है
और इस निस्सीम दिन के बारे में
जो कुछ कहती है
उसमें क्या
बच्ची के स्वप्न की अभिव्यक्ति है?

चिड़िया की चोंच का तिनका
मौसम की समस्त प्रतिकूलताओं के ख़िलाफ़
उसका अचूक हथियार है।

बच्ची
बदलते मौसम के बावजूद स्वप्न देखती है।

चिड़िया रोज़ सुबह
एक चिनगारी-सी उचटती है
दिन भर
अग्निबाण सी सनसनाती है और
शाम को
जलती सी बैठी रहती है कि
कभी तो यह देश-काल
उसके सम्पर्क में आएगा।
वह तो अच्छा है कि

बच्ची
अभी दिन में स्वप्न नहीं देखती
लेकिन बच्ची
स्वप्न में चिड़िया का
हरा-सुनहला गीत सुनती है।

■

बेचारे बच्चे
कुछ समझ ही नहीं पाते
देखते रह जाते हैं भौचक कि
माँ चीख-चीख कर
ख़ाली बर्तन फेंकने लगती है और
पिता चिल्लाते हैं
काँपते हाथों
किसी की गर्दन दबाते हैं
न जाने किसको वे
सामने से जबरन हटाते हैं और
शान्त और सुखद घर
बुरा और डरावना हो जाता है
अचानक
और
बेचारे बच्चे
कुछ समझ ही नहीं पाते
सिर्फ देखते रह जाते है भौचक
और तभी
गाँधी-चौक का
घड़ी-बुर्ज
कुछ घण्टे बज़ाता है।

लोग कुछ समझ ही नहीं पाते
देखते रह जाते है भौचक कि
लाइन लगा कर

पढ़ने जाने वाले लड़के
तोड़-फोड़, आगज़नी और
लूट-मार करने लगते हैं और
शान्त और व्यवस्थित नगर
दंगाग्रस्त क्षेत्र बन जाता है अचानक।
और लोग
कुछ समझ ही नहीं पाते
बस, देखते रह जाते हैं भौचक।

और गाँधी-चौक का घड़ी-बुर्ज
फिर कुछ घण्टे बजाता है।

■

अगर चलते-चलते पहुँच गया
पृथ्वी की अन्तिम कोर पर
तो वहाँ भी क्या
चैन से बैठ सकूँगा?

तब तक बढ़ जाएँगे नाखून
तो खोदूँगा मिट्टी
और समुद्र में डालूँगा।

पलट कर
देखता जाऊँगा पीछे
कम से कम
वह तो आती ही होगी
बच्चों के साथ।
फिर खोदने लगूँगा।
आती ही होगी
खुद छूट कर
बच्चों को छुड़ा रही होगी।
आती ही होगी।

और खोदूँगा मिट्टी
डालूँगा समुद्र में।

फिर सब
मिलकर खोदेंगे।

धीरे-धीरे जमेगी मिट्टी।
धीरे-धीरे बढ़ेगी
पृथ्वी की अन्तिम कोर।

■

खेत में
हल की फार और
स्त्री के हाथों में
चन्द्रमा है रोटी

चूल्हे में सूरज
और
थाली में
दुनिया भर के फूलों की
एकमुश्त
महक है रोटी।

आदमी के पेट में उछलता हुआ
जीवन और
धरती भर की मादाओं के
स्तनों से झरता
दूध है रोटी।

स्त्री की
हथेली भर छोटी
दरअस्ल
पृथ्वी भर
बड़ी है रोटी।

■

उन हाथों में कुछ है
कुछ ऐसा जो पकड़ में नहीं आता
उन हाथों का सम्पर्क
सख़्त धरती को
मले हुए आटे-सा
मुलायम बना देता है।

उन हाथों में
शायद जादू है
सख़्त धरती नरम होती है फिर
भुरभुरी फिर
उसका भूरापन
एक आमंत्रक पीलेपन में बदल जाता है
तब धरती की गन्ध
कितनी संजीवनी होती है

वे
मेरे ही हाथों जैसे हाथ कि
जिनमें कुछ अगम्य अवश्य है
फिर धरती पर घूमते हैं
और वह हरी हो उठती है
कैशोर्य-सी हरी
फिर भरी
युवती माँ-सी भरी-भरी
उन लगातार सम्पर्क में रहते हाथों से

धरती फिर
तेजस्विनी हो उठती है
गरिमामयी
महीयसी

मैं
धरती के तेज
गरिमा और महिमा में लीन
अपने हाथों को देखता हूँ
देखता रहता हूँ
अपने हाथों में खोजता हूँ
खोजता रहता हूँ
उन हाथों को
अपने ही हाथों जैसे
उन हाथों को
वे हाथ उनमें
कुछ है अवश्य अगम्य
जो पकड़ में नहीं आता।

■

ऐसा क्यों है कि
जैसे-जैसे बढ़ता जाता है मेरा पुत्र
मेरा रक्तचाप गिरता जाता है?
जैसे-जैसे लम्बे और मज़बूत
होते जाते हैं उसके हाथ-पाँव-कन्धे
मेरे जोड़ों का दर्द ज़ोर पकड़ता जाता है।

जब रेती से घिस रहा होता है
वह अपने नाखून
तब क्यों हो उठता हूँ मैं बेचैन
अपनी उँगलियों की
अदृश्य लिसलिसाहट धो डालने को?

मुझसे कुछ कहते हुए
क्यों तन-तन जाती हैं उसकी नसें?
मेरी आँखें और भौंहें क्यों सिकुड़ जाती हैं
जब मैं उससे मुख़ातिब होता हूँ?

ये मेरे दिन ब दिन उड़ते बाल
क्या ये ही 'सैट' हैं
उस सिर-गर्दन-कनपटियों पर?

क्या मैं इसीलिए
जल्दी थक-थक जाता हूँ कि
वह दिन-दिन, रात-रात
इधर-उधर बेहिसाब
भटकता रहता है?

क्या खोजता रहता है
मेरा पुत्र?
उसका घर-उसका पिता
तो यहाँ है!
कपड़े हैं! खाना है!
तब फिर?

क्या मेरे वेतन-व्यक्तित्व से
बाहर जा चुकी हैं उसकी तमन्नाएँ?
किस शक्ल की हैं वे?
उनका रंग कौन-सा है?

मेरा पुत्र और
उसके उसी जैसे साथी आँखें चढ़ा-चढ़ा कर
किस मुद्दे पर बात करते हैं?
और तब
मुझे क्यों लगता है कि
वे अपनी मुट्ठियों में
हथगोले दबाए हैं या पत्थर?

मैं दरअस्ल चाहता हूँ कि
मेरा पुत्र रूबरू हो मेरे और
अगर उसके पास कुछ है अतिरिक्त
यानी मेरे पास नहीं है जो वह
कितना भी तेज
कितना भी गाढ़ा और
कितना भी सुर्ख़ वह
जितना भी टिक सकता है
मेरी उभरी नसों वाली कविता में
रखे मेरे सामने।
मेरी आँखों में आँखें डाले
मेरा पुत्र।

■ ■